Mariana C.

Puterea cuvintelor
și a tăcerii

De la acelaș autor:

1. ,,Armonia in cuplu''
- explorează diverse aspecte ale relațiilor umane, de la comunicare și empatie, la rezolvarea conflictelor și construirea unei relații de cuplu sănătoase și echilibrate.

2. ,,Vindecarea rănilor emoționale în relații''
- este o carte profundă,care explorează complexitatea relațiilor interpersonale și impactul pe care trecutul emoțional îl poate avea asupra lor.

3. "Cum sa iti gasesti sufletul pereche"
- se adreseaza celor care își doresc sa gaseasca dragostea adevarata si sa-si gaseasca sufletul pereche.

4."Reconstruirea unei relații deteriorate"
- este un ghid util și practic pentru persoanele care se confruntă cu dificultăți în relațiile lor.

5. ,,Zâmbetul din oglindă" - este un ghid util pentru oricine dorește să-și îmbunătățească stima de sine și să-și atingă potențialul maxim.

6. "Rescrie-ți povestea" este o carte care abordează tema depășirii traumelor din copilărie și construirii unui viitor mai luminos.

7. "Umbrele trecutului" -este o carte care explorează teme precum iubirea, pierderea și curajul de a merge mai departe.

8 ,,Poveștile din copilărie" - este o carte care explorează principiile psihologiei pozitive și modul în care putem fi fericiți și mulțumiți fără să avem nevoie de motive externe pentru aceasta.

9."Povești nespuse" este o carte, care explorează diferite aspecte ale relațiilor umane și oferă o perspectivă subiectivă asupra problemelor și provocărilor cu care se confruntă oamenii în relațiile lor interpersonale.

10. "Povești nespuse" - este o carte ,care explorează diferite aspecte ale relațiilor umane și oferă o perspectivă subiectivă asupra problemelor și provocărilor cu care se confruntă oamenii în relațiile lor interpersonale.

11. "Când cuvintele nu sunt de ajuns" - cartea oferă cititorilor o mai bună înțelegere a limbajului nonverbal și îi învață cum să își interpreteze și să își utilizeze corect gesturile și expresiile faciale pentru a comunica eficient și clar.

12."Inima mea - un labirint" este o carte care te va provoca să reflectezi asupra propriei tale căutări interioare și îți va oferi o nouă înțelegere a complexității inimii umane. Este o lectură captivantă și emoționantă, care îți va rămâne în minte mult timp după ce ai închis cartea.

13"Dansul tăcerii" - este o carte fascinantă în care autoarea explorează puterea comunicării nonverbale prin intermediul gesturilor și mișcărilor corpului.

"Șoapte în vânt" este o carte emoționantă despre puterea cuvintelor și a tăcerii.
Autoarea, Mariana C., ne provoacă sa reflectăm asupra impactului pe care vorbele noastre îl pot avea în viețile celor din jur.

In carte se explorează tema comunicării și a relațiilor interumane, subliniind nevoia noastră de a fi atenți la modul în care ne exprimăm și la felul în care receptăm mesajele celorlalți. Mariana C. ne amintește că adesea cele mai puternice momente sunt cele în care suntem capabili să ascultăm și să înțelegem fără a spune un cuvânt. Ne îndeamnă să găsim echilibrul între a vorbi și a asculta, între a exprima și a recepta, demonstrând că adevărata putere a cuvintelor constă în capacitatea de a ne conecta cu ceilalți într-un mod autentic și profund.

"Șoapte în vânt" este o carte care ne provoacă să ne oprim și să reflectăm asupra modului în care comunicăm cu cei din jurul nostru, învățând că adesea a spune mai puțin poate fi mai puternic decât a spune prea mult.

"Există momente în viață când tăcerea are mai multă putere decât orice cuvânt spus, iar șoaptele în vânt purtătoare de înțelepciune pot schimba destine și pot alina suflete rănite."

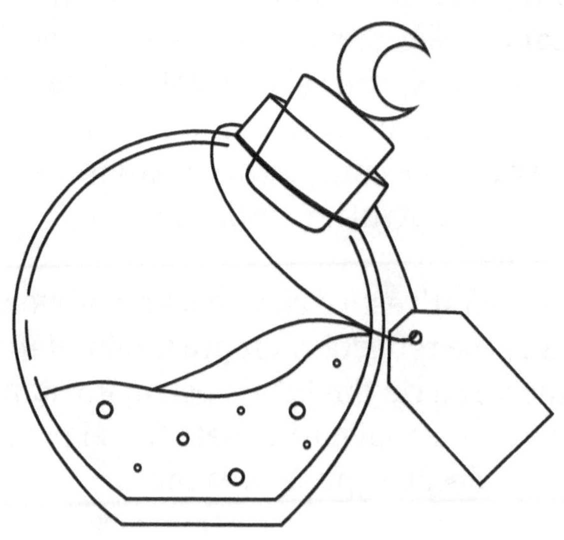

Capitolul 1: Puterea cuvintelor.

- Introducere în conceptul puterii cuvintelor.
- Cât de mult pot influența cuvintele noastre pe cei din jurul nostru.
- Exemple de situații în care cuvintele au avut un impact profund asupra vieților noastre.

Capitolul 2: Tăcerea ca formă de comunicare.

- Explorarea valorii tăcerii în comunicarea non-verbală.
- Cum poate tăcerea să fie uneori mai elocventă decât cuvintele.
- Învățând să folosim și puterea tăcerii în relațiile noastre.

Capitolul 3: Când cuvintele rănesc.

- Consecințele negative ale unor cuvinte spuse în furie sau fără gândire.
- Cum putem evita să rănim pe cei din jurul nostru cu cuvintele noastre.
- Importanța gândirii critice înainte de a vorbi.

Capitolul 4: Cuvintele care vindecă.

- Impactul pozitiv al cuvintelor de încurajare și sprijin în momente dificile.
- Cum putem folosi cuvintele pentru a aduce alinare și vindecare celor dragi.
- Exemple de cuvinte care au putut vindeca rănile emoționale.

Capitolul 5: Tăcerea care vorbește mai mult decât cuvintele.

- Învățând să ascultăm și să înțelegem mesajele transmise prin tăcere.
- Recunoașterea valorii tăcerii în contexte diverse.

Capitolul 6: Puterea cuvintelor în relația noastră .

- Cum cuvintele pot îmbunătăți armonia in relații .
- Învățând să fim conștienți de impactul cuvintelor noastre în societate.

Capitolul 7: Balanța dintre cuvinte și tăcere.

- Cum putem găsi echilibrul între vorbire și ascultare, între a spune prea mult sau prea puțin.
- Sfaturi practice pentru a folosi cuvintele și tăcerea în mod înțelept în relațiile noastre.

"Șoaptele în vânt pot fi mai puternice decât uraganele, iar tăcerea poate fi mai elocventă decât orice vorbire."

Capitolul 1: Puterea cuvintelor.

- *Introducere în conceptul puterii cuvintelor.*
- *Cât de mult pot influența cuvintele noastre pe cei din jurul nostru.*
- *Exemple de situații în care cuvintele au avut un impact profund asupra vieților noastre.*

***

Puterea cuvintelor este una impresionantă și poate schimba complet percepția pe care o avem despre noi înșine și despre lumea din jurul nostru. Cuvintele pot vindeca rănile sufletului nostru, pot aprinde scântei de înțelegere și empatie între oameni și pot construi poduri de comunicare între culturi și popoare. Ele pot inspira, motiva și aduce lumină în cele mai întunecate colțuri ale minții noastre. Puterea cuvintelor stă în capacitatea lor de a transmite emoții și gânduri într-un mod profund și autentic. Fie că sunt scrise sau rostite, cuvintele au capacitatea de a ne influența în moduri pe care nu le putem anticipa.

Ele pot ridica moralele în momentele dificile, pot aduce speranță în clipele de deznădejde și pot transforma visurile noastre în realitate.

Cuvintele au puterea de a răscoli în inimile noastre cele mai profunde trăiri și de a ne conecta unii cu ceilalți în moduri neașteptate. Ele pot fi un instrument de schimbare și transformare personală, de autocunoaștere și evoluție spirituală. Cuvintele pot fi o sursă de învățare și de inspirație pentru a deveni persoane mai bune și mai altruiste.

Prin puterea cuvintelor putem crea și distruge, putem vindeca și răni, putem construi și demolat. Este important să folosim cuvintele noastre cu înțelepciune și responsabilitate, ținând cont de impactul pe care îl pot avea asupra noastră și a celor din jurul nostru. Cuvintele noastre sunt o comoară prețioasă pe care trebuie să o prețuim și să o folosim cu grijă și respect.

Puterea cuvintelor este incontestabilă și inepuizabilă. Ele pot schimba lumea în jurul nostru și pot aduce lumină și înțelegere acolo unde există doar întuneric și confuzie. Să folosim cuvintele noastre pentru a crea și a iubi, pentru a inspira și a fi inspirați, pentru a construi un viitor mai frumos și mai luminos pentru noi și pentru cei dragi nouă.

Puterea cuvintelor este un concept fascinant care ne arată capacitatea de a influența gândurile, emoțiile și acțiunile celor din jurul nostru. Cuvintele au puterea de a transmite mesaje, de a comunica idei și sentimente, de a motiva și de a inspira. Fiecare cuvânt pe care îl folosim are o încărcătură emoțională și o putere de convingere diferită. Unele cuvinte sunt blânde și încurajatoare, altele sunt aspre și critice. Felul în care alegem să ne exprimăm poate determina reacția celorlalți și modul în care sunt influențate deciziile lor.

Puterea cuvintelor se observă în fiecare aspect al vieții noastre. De la felicitările calde și încurajările prietenoase, până la critica aspră și cuvintele rele pe care le rostim în momente de furie sau frustrare, cuvintele au capacitatea de a schimba stări de spirit, de a consolida relații sau de a le distruge.

Cuvintele au puterea de a vindeca sau de a răni.

Un cuvânt de încurajare sau de susținere poate ridica moralul și poate oferi speranță unei persoane care trece printr-un moment dificil. Pe de altă parte, un cuvânt dur sau o remarcă răutăcioasă pot afecta profund starea de spirit a cuiva și pot crea răni emoționale care să dureze mult timp. Puterea cuvintelor se reflectă în modul în care comunicăm cu cei din jurul nostru, dar și în dialogul intern pe care îl purtăm cu noi înșine. Cuvintele pe care le rostim sau le gândim pot influența încrederea în sine, autoestima și modul în care ne percepem pe noi înșine. Este important să fim atenți la cuvintele pe care le folosim atât în relațiile externe, cât și în interiorul nostru. Cuvintele au puterea de a motiva și de a inspira acțiuni. Un discurs motivant poate mobiliza oamenii să își depășească limitele, să înfrunte temeri și să își atingă obiectivele. Cuvintele pot crea schimbări pozitive în mentalitatea și comportamentul nostru, oferindu-ne energia și determinarea de a merge mai departe.

În același timp, puterea cuvintelor poate fi folosită și în scopuri negative. Manipularea, minciuna sau violența verbală sunt forme de abuz care folosesc cuvintele pentru a controla, intimida sau răni pe ceilalți. Este important să fim conștienți de impactul pe care cuvintele noastre îl au și să le folosim cu responsabilitate.

Puterea cuvintelor este un dar pe care îl avem și pe care putem să-l folosim pentru a aduce bucurie, alinare și înțelegere în lumea noastră. Cu toții avem puterea de a alege cuvintele pe care le pronunțăm și de a le folosi pentru a contribui la frumusețea și armonia din jurul nostru. Să ne amintim că fiecare cuvânt contează și că puterea cuvintelor poate schimba vieți!

Cuvintele au puterea de a ne influența emoțiile, gândirea și comportamentul, putând aduce atât beneficii cât și consecințe negative în funcție de modul în care sunt folosite.

Încă de la naștere, suntem învățați să comunicăm prin cuvinte și să folosim limbajul pentru a ne exprima gândurile și sentimentele. De-a lungul timpului, am învățat că cuvintele pot avea o mare putere asupra noastră și asupra celor din jur. Putem inspira, motiva și încuraja pe cineva cu un simplu cuvânt sau gest, la fel cum putem răni sau distruge cuvinte dure și critici.

Cu toate acestea, nu toată lumea este conștientă de puterea cuvintelor și de impactul pe care îl pot avea asupra celor din jur. De multe ori, vorbim fără să ne gândim la consecințele cuvintelor noastre și la modul în care acestea pot afecta pe ceilalți. Este important să fim responsabili pentru ceea ce spunem și să ne asigurăm că folosim cuvintele cu înțelepciune și bunătate.

Există multe moduri în care cuvintele pot influența oamenii și mediul înconjurător. Unul dintre cele mai puternice moduri este prin încurajare și sprijinirea celorlalți. Cuvintele de încurajare pot ridica moralul unei persoane și o pot motiva să meargă mai departe în ciuda dificultăților.

O simplă încurajare sau cuvânt de mulțumire poate face minuni în viața cuiva și poate schimba total perspectiva asupra situației.Cuvintele critice și negative pot avea un impact devastator asupra stimei de sine și încrederea în sine a unei persoane. Criticile sau jignirile pot fi extrem de dure și pot lăsa răni adânci în sufletul celui care le primește. Este important să avem grijă cum folosim cuvintele și să ne asigurăm că ele sunt constructive și bine intenționate. Puterea cuvintelor poate fi observată și în felul în care ne vorbim nouă înșine. Modul în care ne vorbim în gândurile noastre poate avea un impact semnificativ asupra stării noastre de spirit și a comportamentului nostru. Dacă ne criticăm sau ne judecăm în mod constant, acest lucru va afecta negativ nivelul nostru de încredere și voință de a merge mai departe. În schimb, dacă ne vorbim cu iubire și respect în gândurile noastre, ne putem simți mai bine și putem fi mai motivați să ne atingem obiectivele. Cuvintele au puterea de a inspira și de a motiva oamenii să acționeze. Discursurile motivaționale sau cuvintele de încurajare pot fi deosebit de puternice în mobilizarea oamenilor și în determinarea lor să depășească obstacolele și să își atingă obiectivele. Un lider inspirat care știe să folosească cuvintele cu înțelepciune poate avea un impact semnificativ asupra echipei sale și poate duce la realizarea unor lucruri mărețe.Cuvintele pot avea un impact puternic și în comunicarea interpersonală. O conversație bazată pe cuvinte pline de empatie, înțelegere și respect poate întări relațiile și poate aduce bucurie și împlinire în relațiile noastre. Pe de altă parte, cuvintele dure sau critice pot distruge încrederea și armonia dintr-o relație și pot crea tensiuni și conflicte.

Puterea cuvintelor poate fi văzută și în modul în care ele pot influența opinia publică și societatea în ansamblul său. Cuvintele folosite în media sau în discursurile politice pot avea un impact semnificativ asupra perceperii unui eveniment sau a unei situații și pot influența modul în care oamenii reacționează la ele. De aceea, este important să fim conștienți de puterea cuvintelor și să fim selectivi în folosirea lor în contexte publice.

Puterea cuvintelor poate fi de asemenea observată în modul în care ele pot afecta capacitatea noastră de a gândi și de a lua decizii. Cuvintele pe care le folosim în mintea noastră sau în discuțiile cu alții pot influența modul în care percepem o situație și pot influența deciziile pe care le luăm. De aceea, este important să fim atenți la cuvintele pe care le folosim și să ne asigurăm că acestea reflectă adevărul și buna intenție.

Puterea cuvintelor este un concept fascinant care ne arată cât de mult impact pot avea vorbele pe care le folosim în comunicarea noastră cu cei din jur. Cuvintele pot motiva, inspira, încuraja sau răni pe cei din jur și pot avea un impact semnificativ asupra stării noastre de spirit și comportamentul nostru. Este important să fim conștienți de puterea cuvintelor și să folosim cuvintele cu înțelepciune și bunătate pentru a aduce lumina și iubirea în lumea noastră.

Cuvintele noastre au puterea de a influența profund pe cei din jurul nostru. Ele pot avea un impact deosebit asupra stării lor emoționale, asupra deciziilor pe care le iau și chiar asupra modului în care se raportează la ei înșiși și la cei din jur. De aceea, este esențial să fim conștienți de puterea pe care o dețin cuvintele noastre și să le folosim cu grijă și înțelepciune.

Unul dintre cele mai importante aspecte în ceea ce privește influența cuvintelor noastre este modul în care comunicăm. Comunicarea este unul dintre cele mai importante instrumente pe care le avem la dispoziție în relațiile cu cei din jurul nostru, indiferent că vorbim de relațiile personale sau profesionale. Prin intermediul cuvintelor noastre putem să ne exprimăm sentimentele, gândurile și intențiile noastre, dar putem și să influențăm modul în care ceilalți ne percep și se raportează la noi. De aceea, este esențial să fim atenți la modul în care ne exprimăm și să fim conștienți de impactul pe care îl pot avea cuvintele noastre asupra celor din jur.

Un aspect important în ceea ce privește influența cuvintelor noastre este modul în care ne vorbim nouă înșine. Atât de des ne criticăm sau ne judecăm dur pe noi înșine, folosind cuvinte negative și dure. Aceste cuvinte pot avea un impact puternic asupra stimei de sine și asupra încrederii noastre în propria persoană. Este esențial să fim blânzi și îngăduitori cu noi înșine și să folosim cuvinte încurajatoare și pozitive în dialogul interior.

Cuvintele noastre pot avea și un impact profund asupra celor din jur în ceea ce privește modul în care îi sprijinim și îi încurajăm. Un simplu cuvânt de încurajare sau un compliment sincer pot schimba complet starea emoțională a cuiva și pot aduce lumină într-o zi întunecată. De aceea, este esențial să fim atenți la modul în care ne exprimăm sprijinul și aprecierea față de cei din jur și să folosim cuvinte care să le arate că îi susținem și îi apreciem. Totodată, cuvintele noastre pot avea un impact puternic asupra modului în care ceilalți își construiesc încrederea în ei înșiși. Prin intermediul cuvintelor noastre putem să îi încurajăm și să îi sprijinim pe cei din jur să-și depășească limitele și să-și atingă potențialul maxim. Cu fiecare cuvânt de încurajare pe care îl transmitem putem să construim încrederea celor din jur și să le arătăm că suntem alături de ei în drumul lor către succes.

Este important să fim conștienți și de impactul pe care cuvintele noastre negative pot avea asupra celor din jur. Fie că vorbim despre critici dure sau despre cuvinte răutăcioase, acestea pot avea un impact distructiv asupra stimei de sine și asupra încrederii celorlalți în propria persoană. De aceea, este esențial să fim atenți la modul în care ne exprimăm nemulțumirile sau frustrările și să căutăm modalități constructive de a comunica în loc să recurgem la critici sau la cuvinte care pot răni.Cuvintele noastre pot avea un impact profund asupra modului în care ceilalți își exprimă emoțiile și sentimentele. Prin intermediul cuvintelor noastre putem să le arătăm celor din jur că suntem deschiși să îi ascultăm și să îi înțelegem, ceea ce poate contribui la creșterea încrederii și la întărirea legăturilor emoționale dintre noi. De aceea, este esențial să fim atenți la modul în care ne exprimăm empatia și compasiunea față de cei din jur și să folosim cuvinte care să le arate că suntem alături de ei în momentele lor dificile.

Cuvintele noastre au o putere imensă de a influența pe cei din jurul nostru. Ele pot fi un instrument puternic în comunicarea noastră cu cei din jur, dar pot și să aducă sprijin, încurajare și apreciere celor din jur. De aceea, este esențial să fim conștienți de puterea pe care o dețin cuvintele noastre și să le folosim cu grijă și înțelepciune, pentru a contribui la construirea unor relații sănătoase și armonioase cu cei din jur.

Cuvintele au un impact profund asupra vieților noastre într-o multitudine de situații. Ele pot influența modul în care gândim, simțim și acționăm, și pot avea consecințe semnificative asupra relațiilor noastre, a succesului nostru profesional și a stării noastre de bine.

Iată exemple de situații în care cuvintele au avut un impact profund asupra vieților noastre:

- O declarație de dragoste:

Cuvintele "Te iubesc" au puterea de a schimba întreaga perspectivă asupra unei relații. O declarație de dragoste sincere poate aduce bucurie, încredere și conexiune între două persoane și poate crea legături puternice de afecțiune și susținere.

- Un compliment:

Cuvintele de apreciere sau admirație pot avea un impact profund asupra stimei de sine a unei persoane. Un simplu compliment precum "Ești inteligent" sau "Ești o persoană minunată" poate întări încrederea și sprijini dezvoltarea unei imagini de sine pozitive.

- O scuză sinceră:

Cuvintele "Îmi pare rău" sau "Am greșit" pot restabili armonia și încrederea într-o relație. O scuză sinceră poate demonstra responsabilitate și empatie și poate contribui la rezolvarea unui conflict sau la vindecarea unei răni emoționale.

- O critica constructivă:

Cuvintele de feedback sau evaluare pot contribui la creșterea și dezvoltarea unei persoane. O critică constructivă precum "Poți lucra mai mult la acest aspect" sau "Ar fi bine să faci așa" poate oferi informații valoroase pentru a îmbunătăți performanța și a evolua în plan personal sau profesional.

- O poveste inspirațională:

Cuvintele unei povești puternice sau motivaționale pot provoca schimbări profunde în convingerile și acțiunile unei persoane. O poveste inspirațională despre curaj, perseverență sau reușită poate suscita inspirație și determinare și poate oferi o perspectivă nouă asupra propriilor provocări sau aspirații.

- O cerere de iertare:

Cuvintele "Te rog să mă ierți" pot fi extrem de eliberatoare și vindecătoare într-o relație. O cerere de iertare sinceră poate aduce pace și reconciliere și poate deschide calea către o comunicare mai deschisă și autentică.

- O promisiune solemnă:
 Cuvintele unei promisiuni sau angajamente pot crea legături puternice și de încredere între două persoane. O promisiune solemnă precum "Te voi iubi mereu" sau "Voi fi alături de tine în orice moment" poate oferi siguranță și stabilitate într-o relație.

- Un răspuns neașteptat:
Cuvintele unei reacții neașteptate sau surprinzătoare pot schimba complet cursul unei conversații sau al unei situații. Un răspuns neașteptat precum "Nu mă așteptam la asta" sau "M-ai surprins cu adevărat" poate provoca emoții puternice și poate genera schimbări neașteptate în percepția sau comportamentul celor implicați.

- Un discurs motivațional:
 Un discurs motivațional puternic precum cel al lui Martin Luther King Jr. sau al lui Steve Jobs poate marca un moment de transformare și poate inspira acțiuni și schimbări pozitive în comunitate și societate.

"Vântul suflă tăcut în noapte, iar cuvintele se pot pierde în șoapte. Tăcerea are puterea de a spune mai mult decât orice vorbire."

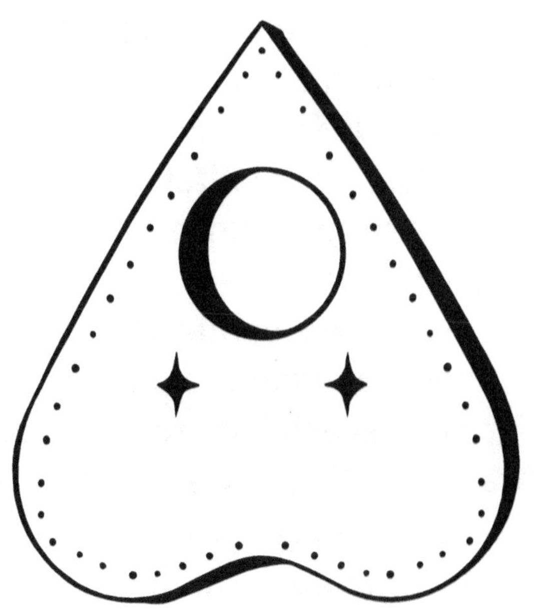

Capitolul 2: *Tăcerea ca formă de comunicare.*

- *Explorarea valorii tăcerii în comunicarea non-verbală.*
  1. *Cum poate tăcerea să fie uneori mai elocventă decât cuvintele.*
- *Învățând să folosim și puterea tăcerii în relațiile noastre.*

***

Tăcerea este uneori definită ca absența sunetului, dar în realitate este mult mai mult decât atât. Tăcerea poate fi o formă de comunicare extrem de puternică, care transmite mesaje și emoții fără a fi nevoie de cuvinte. Este o modalitate subtilă de a întreprinde o comunicare autentică și profundă, care este adesea mai eficientă decât orice alt tip de comunicare verbală. Mulți oameni consideră că tăcerea este inconfortabilă și evită să stea în tăcere în prezența altora. Cu toate acestea, este important să înțelegem că tăcerea poate fi benefică și eliberatoare în multe situații. Este important să învățăm să apreciem și să folosim tăcerea în viața noastră de zi cu zi, deoarece ne poate ajuta să ne conectăm mai bine cu noi înșine și cu cei din jur.

Un aspect important al tăcerii este că ne oferă posibilitatea de a ne conecta cu propria noastră experiență interioară. Atunci când stăm în tăcere, avem ocazia să ne ascultăm propriile gânduri, emoții și senzații, ceea ce ne poate ajuta să ne cunoaștem mai bine și să ne înțelegem mai bine sinele. De asemenea, tăcerea ne oferă un moment de liniște și reflecție în agitația zilnică, permițându-ne să ne relaxăm și să ne recâștigăm echilibrul interior.

Pe lângă conectarea cu sinele nostru, tăcerea ne oferă și posibilitatea de a ne conecta mai profund cu cei din jur. Atunci când stăm în tăcere în prezența altora, le dăm spațiu și libertate să își exprime gândurile și emoțiile lor fără a fi întrerupți sau judecați. În plus, tăcerea ne permite să fim mai atenți la nonverbalul celorlalți, să observăm expresiile lor faciale, gesturile și tonul vocii lor, ceea ce poate oferi informații importante despre starea lor emoțională și perspectivele lor.

Un alt aspect important al tăcerii este

capacitatea sa de a aduce pace și armonie în relațiile noastre. Uneori, într-o conversație, tăcerea poate fi mai elocventă decât orice cuvânt. Când simțim că nu avem nimic bun de spus sau când suntem prea emoționați pentru a discuta calm, tăcerea poate fi o alegere înțeleaptă. Ea ne poate oferi timp să ne calmăm și să reflectăm asupra a ceea ce vrem să spunem, evitând astfel conflicte inutile sau escaladarea situațiilor tensionate.Tăcerea poate fi de asemenea o formă de iubire și compasiune. Atunci când suntem în prezența cuiva care suferă sau care trece printr-o perioadă dificilă, tăcerea noastră empatică poate fi o modalitate puternică de a-i arăta sprijinul nostru. Uneori, doar să stăm alături de cineva în tăcere și să le oferim un umăr pe care să plângă poate fi mai reconfortant decât orice cuvânt de încurajare.

Este important să ne amintim că tăcerea este o formă de comunicare activă, care necesită practică și atenție. Trebuie să fim conștienți de intențiile și efectele noastre atunci când alegem să stăm în tăcere, pentru a ne asigura că nu rănim sau neglijăm pe cineva. De asemenea, trebuie să fim deschiși la interpretarea tăcerii celorlalți și să ne străduim să înțelegem mesajele ascunse din spatele acesteia. Tăcerea este o formă puternică de comunicare care poate fi folosită pentru a ne conecta cu noi înșine, cu cei din jur și cu lumea din jurul nostru. Ea ne oferă posibilitatea de a ne relaxa, a reflecta și a ne reconecta cu esența noastră interioară. Prin practicarea tăcerii conștiente și compasionate, putem îmbunătăți relațiile noastre, ne putem cunoaște mai bine pe noi înșine și putem contribui la pacea și armonia în lume. Să nu uităm niciodată că uneori cele mai puternice mesaje pot fi transmise în liniște.Comunicarea non-verbală este un instrument esențial în relațiile interpersonale, iar tăcerea este una dintre formele ei. Tăcerea poate transmite o varietate de semnificații și emoții, chiar și atunci când nu spunem nimic cuvinte. Este de multe ori subestimată sau neglijată în comparație cu comunicarea verbală, dar are o putere și o profunzime care nu ar trebui ignorate. Tăcerea poate fi folosită în moduri diferite în comunicarea non-verbală. Uneori, tăcerea poate fi folosită ca un instrument de putere sau control. Gândiți-vă la situația în care doi oameni sunt implicați într-o dispută și unul dintre ei refuză să răspundă la întrebările sau provocările celuilalt. Tăcerea sa poate fi o modalitate de a-și arăta superioritatea sau de a-și impune voința în acel moment. Este o formă de non-verbală prin care persoana își poate exprima puterea și determinarea fără a folosi cuvinte.Pe de altă parte, tăcerea poate fi folosită și ca un mijloc de a transmite empatie sau compasiune. Atunci când stăm lângă cineva care suferă și nu găsim cuvinte care să îi aline durerea, tăcerea poate fi cea mai potrivită formă de a fi prezenți și de a-i oferi sprijinul nostru. Prin simpla noastră prezență și tăcerea noastră, putem transmite mai mult decât am putea face-o prin cuvinte. Este o formă de comunicare non-verbală care poate fi extrem de puternică și de vindecătoare în anumite situații.

Tăcerea poate avea și o funcție de asemenea a copleși uneori, deoarece poate transmite o ambiguitate sau o incertitudine care poate fi frustrantă pentru cei implicați. Gândiți-vă la situația în care sunteți într-o conversație cu cineva care refuză să vă răspundă la întrebări sau să-și exprime opiniile și sentimentele. Acest tip de tăcere poate induce uneori o stare de confuzie sau de frustrare în cealaltă persoană, deoarece nu știe cum să interpreteze această lipsă de comunicare verbală.

Totuși, tăcerea poate fi și o formă de intimitate și de conexiune profundă în relații. Atunci când suntem capabili să ne simțim confortabil în tăcere alături de cineva, să nu simțim nevoia să umplem spațiul cu vorbe sau să ascundem sentimentele noastre într-un zgomot superficial, este un semn al unei legături adevărate și autentice. Tăcerea poate să faciliteze o înțelegere mai profundă și mai profundă între două persoane, deoarece nu există nevoia de a masca sau de a distorsiona adevărul cu cuvinte.

Un alt aspect al tăcerii în comunicarea non-verbală este capacitatea sa de a oferi spațiu pentru reflecție și contemplare. În societatea modernă agitată în care trăim, suntem adesea înconjurati de zgomot și activitate constantă. Tăcerea poate fi un dar prețios în mijlocul acestui haos, oferindu-ne un moment de liniște și calm în care să ne adunăm gândurile și să ne regăsim centrul. Este o formă de comunicare non-verbală care ne poate ajuta să ne conectăm cu noi înșine și cu lumea din jurul nostru într-un mod mai profund și mai autentic.Tăcerea poate avea și un impact puternic și semnificativ în procesul de comunicare non-verbală în relații interpersonale și profesionale. În relațiile romantice, tăcerea poate fi un mijloc de a transmite intimitate și conexiune emoțională mai profundă, chiar și fără cuvinte. Atunci când suntem capabili să stăm alături de partenerul nostru în tăcere și să ne simțim înțeleși și iubiți, fără a fi nevoie să spunem ceva, este un semn al unei relații sănătoase și echilibrate.

În cazul relațiilor profesionale, tăcerea poate fi folosită ca un instrument de putere și control în negocieri sau discuții cu clienții sau colegii. Capacitatea de a rămâne calm și liniștit în mijlocul unei discuții tensionate sau conflictuale și de a păstra un nivel ridicat de tăcere poate fi un avantaj remarcabil în procesul de comunicare non-verbală în medii de lucru. Este o formă de comunicare non-verbală care poate fi extrem de eficientă în gestionarea conflictelor și rezolvarea problemelor într-un mod pașnic și constructiv.

Tăcerea poate avea și un impact puternic în procesul de autocunoaștere și dezvoltare personală. Atunci când suntem capabili să stăm în tăcere și să ne ascultăm propriile gânduri și sentimente, putem obține o mai bună înțelegere a noastră și a motivelor noastre interioare. Tăcerea poate fi un mijloc de a-i permite sinelui nostru să vorbească și să ne ghideze în deciziile și acțiunile noastre, oferindu-ne o perspectivă mai profundă și mai autentică asupra identității și scopului nostru în viață.

Tăcerea joacă un rol vital în comunicarea non-verbală și are o putere și o profunzime care nu ar trebui subestimate. Este o formă de comunicare non-verbală care poate transmite o varietate de semnificații și emoții, chiar și atunci când nu spunem nimic cuvinte. Tăcerea poate fi folosită în moduri diferite în relațiile interpersonale și profesionale, ca un instrument de putere sau control, de empatie sau compasiune, de intimitate și conexiune sau de reflecție și autocunoaștere.

Prin înțelegerea și aprecierea valorii tăcerii în comunicarea non-verbală, putem îmbunătăți calitatea relațiilor noastre și ne putem conecta mai profund cu noi înșine și cu cei din jurul nostru. Este important să recunoaștem și să îmbrățișăm puterea și profunzimea tăcerii în procesul de comunicare non-verbală, pentru a ne dezvolta relațiile și pentru a ne îmbunătăți capacitatea de a comunica eficient și autentic în lumea în care trăim.

Tăcerea este o formă de comunicare care poate fi la fel de puternică și semnificativă ca și cuvintele. Poate fi folosită pentru a exprima o gamă largă de emoții și semnificații în cadrul relațiilor interpersonale. Uneori, tăcerea poate transmite mai multe mesaje și poate face mai multe conexiuni decât vorbele în sine.

Atunci când vorbesc despre tăcere în relații, nu ma refer la lipsa totală de comunicare. În schimb, mă refer la momentele în care oamenii aleg să nu spună nimic, să își păstreze gândurile și emoțiile pentru ei sau să comunice fără cuvinte. Tăcerea poate fi folosită în mai multe moduri în funcție de contextul relației și de persoanele implicate.

Un exemplu simplu de tăcere în relații poate fi momentele de intimitate și de conexiune pe care le simțim cu cei dragi. Uneori, nu avem nevoie de cuvinte pentru a ne simți apropiați de cineva. O privire, o atingere sau o simplă prezență alături de celălalt poate fi suficientă pentru a ne transmite iubirea și sprijinul nostru.

Tăcerea poate crea o atmosferă de confort și de siguranță în care doi oameni își pot exprima emoțiile fără să spună un cuvânt.

Tăcerea poate fi, de asemenea, o formă de respect și de ascultare în relații. Uneori, cel mai bun lucru pe care îl putem face pentru cineva este să-i oferim spațiu să vorbească sau să se exprime fără să intervenim. În aceste momente, tăcerea poate arăta că suntem deschiși să ascultăm și să înțelegem pe deplin ce celălalt are de spus. Poate fi o modalitate de a demonstra că ne pasă cu adevărat de ceea ce simte sau gândește celălalt și că suntem prezenți pentru el în acel moment.

Un alt mod în care tăcerea poate fi elocventă în relații este atunci când avem de-a face cu conflicte sau situații tensionate. Uneori, cel mai bine este să ne abținem să spunem ce gândim sau simțim pe moment și să lăsăm lucrurile să se calmeze. Tăcerea poate fi o formă de autocontrol și de evitare a escaladării unei dispute. Prin tăcere, putem oferi celuilalt timp și spațiu să își regăsească calmul și să se gândească la ce s-a întâmplat înainte să purtăm o discuție despre asta. Tăcerea poate fi o formă de a ne proteja și de a nu spune lucruri pe care le-am regreta mai târziu.În plus, tăcerea poate fi folosită și pentru a transmite emoții complexe sau profunde în relații. Uneori, cuvintele nu sunt suficiente pentru a exprima ceea ce simțim sau gândim. Tăcerea poate fi o modalitate de a ne lăsa să fim copleșiți de emoții precum iubirea, compasiunea sau recunoștința.

De exemplu, în momentele în care suntem martorii unui eveniment emoționant sau important, uneori este mai puternic să stăm alături de celălalt în tăcere decât să încercăm să găsim cuvinte potrivite pentru a exprima ceea ce simțim.

O altă formă de tăcere în relații este cea care ne oferă ocazia de a reflecta asupra a ceea ce am spus sau făcut și asupra modului în care ne raportăm la ceilalți. În timp ce comunicarea este esențială pentru o relație sănătoasă, este important să ne dăm timp să ne gândim la ceea ce am spus și la modul în care am acționat înainte de a reacționa impulsiv sau înainte de a face sau spune ceva de care ne-am putea regreta mai târziu. Prin tăcere, putem să ne conectăm cu gândurile și emoțiile noastre interioare și să ne formăm o perspectivă mai clară asupra situației.

Pe durata vieții noastre, avem de-a face cu o multitudine de situații în care tăcerea poate fi mai elocventă decât cuvintele în relații. Indiferent de modul în care este folosită, tăcerea poate fi o formă puternică de comunicare care ne poate ajuta să ne conectăm mai profund cu ceilalți și să ne înțelegem mai bine pe noi înșine. Prin recunoașterea și valorizarea tăcerii în relații, putem construi conexiuni mai autentice și mai profunde cu cei din jurul nostru și să ne dezvoltăm abilitatea de a comunica în moduri diferite și mai subtile. Puterea tăcerii în relațiile noastre este un aspect adesea neglijat, dar extrem de important pentru comunicarea eficientă și relațiile sănătoase. Tăcerea poate fi folosită într-o varietate de moduri pentru a ne ajuta să ne conectăm mai bine cu cei din jurul nostru și să rezolvăm conflictele într-un mod constructiv. Învățând să folosim cu înțelepciune și puterea tăcerii în relațiile noastre, putem îmbunătăți comunicarea noastră și colaborarea cu ceilalți.

Un mod simplu și frumos de a aborda puterea tăcerii în relațiile noastre este să ne amintim că tăcerea poate avea mai multe înțelesuri. Ea poate fi folosită pentru a reflecta și a încetini ritmul conversației, permițându-ne să ne gândim mai profund la ceea ce vrem să spunem sau să ascultăm cu adevărat ce spune celălalt.

De asemenea, tăcerea poate fi folosită pentru a exprima compasiune, empatie sau acceptare, fără să fie nevoie de cuvinte.
Un exemplu simplu ar putea fi atunci când un prieten vine la tine cu o problemă sau o poveste tristă. În loc să începi să îți dau sfaturi sau să îți exprimi părerea imediat, poți să stai pur și simplu lângă el și să îl asculți în tăcere. Acest lucru poate fi extrem de reconfortant pentru celălalt, deoarece îl faci să se simtă ascultat și înțeles, chiar fără să rostești un cuvânt.
Un alt mod în care putem folosi puterea tăcerii în relațiile noastre este în gestionarea conflictelor. Adesea, în momentele de tensiune sau certuri, instinctul nostru este să răspundem imediat și agresiv. Cu toate acestea, tăcerea poate fi de fapt cea mai puternică armă pe care o avem în astfel de situații. Prin a ne abține din a spune ceva în accescul furiei, putem da timpul necesar să ne calmăm și să gândim cu capul limpede.
Un exemplu concret ar fi atunci când ai o dispută cu partenerul tău și simți că tensiunea crește rapid. În loc să începi să

îți arunci cuvinte tăioase și să escaladezi situația, poți alege să taci și să respiri profund. Această tăcere poate oferi o pauză în conflict și poate să permită amândurora să se retragă, să își adune gândurile și să revină la conversație cu o abordare mai calmă și rațională.Pe lângă aceste exemple practice de utilizare a puterii tăcerii în relațiile noastre, există și beneficii mai profunde care pot să apară atunci când începem să ne deschidem la această abordare. Tăcerea ne poate ajuta să ascultăm mai atent, să ne conectăm mai profund cu ceilalți și să înțelegem mai bine nevoile și dorințele lor. Ea ne poate ajuta să cultivăm o prezență mai autentică și empatică în relațiile noastre, ceea ce poate să sporească nivelul de încredere și intimitate dintre noi și cei din jurul nostru. Mai mult decât atât, tăcerea ne poate ajuta să ne conectăm și cu propria noastră voce interioară și cu adevăratul nostru sine. Prin a găsi momente de liniște și tăcere în viața noastră cotidiană, putem să ne reînnoim energia și creativitatea, să ne încărcăm bateriile și să ne clarificăm gândurile și sentimentele.

Tăcerea devine astfel nu doar un instrument de comunicare cu ceilalți, ci și unul de autocunoaștere și autodescoperire. Puterea tăcerii în relațiile noastre este un aspect esențial al unei comunicări sănătoase și eficiente. Prin învățarea să folosim cu înțelepciune tăcerea, putem să ne îmbunătățim relațiile cu cei din jurul nostru, să gestionăm mai bine conflictele și să ne conectăm mai profund atât cu ceilalți, cât și cu propria noastră ființă. Tăcerea devine astfel nu doar un moment de liniște și reflexie, ci și o sursă de putere și înțelepciune în relațiile noastre.

Capitolul 3: *Când cuvintele rănesc.*

- *Consecințele negative ale unor cuvinte spuse în furie sau fără gândire.*
- *Cum putem evita să rănim pe cei din jurul nostru cu cuvintele noastre.*
- *Importanța gândirii critice înainte de a vorbi.*

***

Cuvintele au o putere imensă în relațiile noastre. Ele pot fie să ne construiască sau să ne distrugă legătura cu cei din jurul nostru. Atunci când cuvintele sunt folosite în mod incorect sau dureros, ele pot cauza răni profunde și pot deteriora relațiile într-un mod ireversibil.Fiecare cuvânt pe care îl rostim are o greutate emoțională și poate avea un impact puternic asupra celor din jurul nostru. De aceea, este important să fim atenți la felul în care ne exprimăm și să avem grijă să nu folosim cuvinte care să rănească sau să jignească pe cei din jurul nostru.

Unul dintre cele mai frecvente moduri în care cuvintele pot răni în relații este prin critica constantă și negativă. Atunci când folosim cuvinte care critică sau jignesc, putem crea o atmosferă negativă și tensionată în relație. Este important să fim conștienți de felul în care ne exprimăm și să încercăm să folosim cuvinte care încurajează și susțin pe cei din jurul nostru. Un alt mod în care cuvintele pot răni în relații este prin folosirea excesivă a cuvintelor care arată lipsă de respect sau încredere. Atunci când folosim cuvinte care exprimă lipsă de respect sau încredere, putem cauza neîncredere și distanțare în relație. Este important să folosim cuvinte care să arate respect și încredere față de cei din jurul nostru, astfel încât să putem întreține o relație sănătoasă și armonioasă. Cuvintele pot răni în relații și atunci când sunt folosite în mod manipulativ sau agresiv. Atunci când folosim cuvinte pentru a controla sau manipula pe cei din jurul nostru, putem distruge încrederea și armonia din relație. Este important să fim sinceri și deschiși în comunicarea noastră și să evităm folosirea cuvintelor în mod manipulativ sau agresiv.

Pentru a evita ca cuvintele să rănească în relații, este important să fim conștienți de impactul pe care îl pot avea cuvintele noastre și să fim atenți la felul în care ne exprimăm. Este important să folosim cuvinte care încurajează, susțin și construiesc în relațiile noastre și să evităm folosirea cuvintelor care rănesc sau jignesc pe cei din jurul nostru.

Cuvintele au o putere imensă în relațiile noastre și este important să fim atenți la felul în care le folosim. Prin folosirea cuvintelor în mod responsabil și empatic, putem întreține relații sănătoase, armonioase și pline de iubire și înțelegere. Vorbele rostite în furie sau fără gândire pot avea consecințe grave și negative asupra celor din jurul nostru. Atunci când suntem supărați sau frustrați, este foarte ușor să aruncăm cuvinte peste cei din jur fără să ne gândim la impactul pe care îl pot avea. O vorbă spusă într-un moment de furie poate provoca răni adânci și poate distruge relații importante.

Când suntem supărați, emoțiile noastre preiau controlul și suntem tentați să folosim cuvinte dure și jignitoare pentru a ne exprima frustrarea. Însă, uităm adesea că aceste cuvinte pot răni pe cei din jur, chiar și atunci când nu avem intenția să facem rău.

Vorbirea în furie poate deteriora relațiile interpersonale și poate crea fissuri ireparabile în legăturile noastre cu ceilalți. Unul dintre principalele efecte negative ale vorbirii în furie este crearea unei atmosfere tensionate și ostile în relațiile noastre. Atunci când folosim cuvinte dure și agresive într-o discuție, ceilalți se pot simți atacați și pot reacționa defensiv sau agresiv în schimb. Această dinamică poate escalada rapid și poate duce la conflicte mai mari și mai grave.

De asemenea, vorbele rostite în furie pot lăsa urme adânci în sufletele celorlalți și pot afecta încrederea și stima de sine a acestora. O persoană care primește cuvinte jignitoare sau critici dure în mod constant poate începe să se simtă neimportantă sau neapreciată, ceea ce poate afecta negativ relația sa cu sine și cu cei din jur.

Mai mult decât atât, vorbirea în furie poate avea consecințe negative asupra sănătății noastre mentale și emoționale. Atunci când ne exprimăm frustrarea și furia printr-o limbaj agresiv și jignitor, secretele noastre de stres și anxietate se pot amplifica și pot duce la apariția unor probleme mai grave, precum depresia sau anxietatea cronică.

Pe lângă impactul asupra relațiilor interpersonale și senzațiilor noastre interioare, vorbele spuse în furie pot avea și consecințe practice.

De exemplu, o discuție plină de jigniri și reproșuri poate duce la luarea unor decizii impulsivie sau neraționale, care pot avea consecințe negative pe termen lung.

Un alt efect negativ al vorbirii în furie este deteriorarea încrederii și comunicării în relațiile noastre. Atunci când ne exprimăm furia printr-un limbaj agresiv și jignitor, celălalt poate simți că nu este înțeles sau apreciat și poate începe să se retragă emoțional sau să devină defensiv. Acest lucru poate crea distanță între noi și cei din jur și poate afecta în mod semnificativ legăturile noastre cu aceștia.

Pentru a evita consecințele negative ale vorbirii în furie, este important să încercăm să ne controlăm emoțiile și să folosim un limbaj calm și respectuos chiar și în momentele de frustrare. În loc să reacționăm impulsiv, putem încerca să ne exprimăm sentimentele într-un mod constructiv și să găsim soluții la problemele noastre într-un mod calm și rezonabil.

Un alt aspect important în gestionarea furiei și a impulsurilor de a rosti cuvinte dure este practicarea empatiei și a înțelegerii față de cei din jur. În loc să ne concentrăm doar pe propria furie și frustrare, putem încerca să ne punem în locul celuilalt și să înțelegem de ce se simte așa cum se simte. Vorbirea în furie sau fără gândire poate avea consecințe grave și negative asupra relațiilor noastre și a sănătății noastre mentale și emoționale. Prin conștientizarea impactului pe care îl pot avea cuvintele noastre asupra celor din jur și prin practicarea unei comunicări sănătoase și respectuoase, putem evita să facem rău celor din jur și putem construi relații mai sănătoase și mai armonioase. Puterea cuvintelor este imensă și poate avea un impact major asupra celor din jurul nostru. O vorbă spusă la momentul nepotrivit sau o critică dură pot răni pe cineva mai mult decât o lovitură fizică. De aceea, este important să fim conștienți de efectul pe care-l au cuvintele noastre și să ne străduim să folosim un limbaj sănătos și constructiv în relațiile noastre interpersonale.

Pentru a evita să rănim pe cei din jurul nostru cu cuvintele noastre, trebuie să fim atenți la modul în care comunicăm. Iată câteva sfaturi practice despre cum putem să ne exprimăm într-un mod empatic și respectuos:

- Gândește-te înainte să vorbești:

Uneori, vorbele noastre pot fi spuse în grabă sau fără să ne gândim la impactul lor asupra celorlalți. Înainte de a spune ceva, ar trebui să ne evaluăm gândurile și să ne asigurăm că ceea ce spunem este potrivit și că nu va răni pe nimeni.

- Fii conștient de tonul și limbajul corpului tău:

O mare parte din comunicare nu se realizează prin cuvinte, ci prin tonul vocii și limbajul corpului. Asigură-te că tonul tău este calm și respectuos și că expresia ta facială și gesturile tale sunt potrivite contextului.

- Ascultă cu atenție:

Înainte de a răspunde sau de a reacționa la ce spun ceilalți, este important să îi asculți cu atenție. Acest lucru nu numai că îți va permite să înțelegi mai bine perspectiva lor, dar și le va arăta că îi respecți și îți pasă de ceea ce au de spus.

- Evită generalizările și atacurile personale:

Atunci când îți exprimi gândurile și sentimentele, încearcă să te concentrezi pe problemele concrete și să eviți generalizările sau atacurile personale. Critica constructivă este binevenită, dar atunci când devine personală sau răuvoitoare, poate provoca durere și conflict.

- Încurajează comunicarea deschisă și sinceră:

Pentru a evita conflictele și rănirea celorlalți, este important să încurajăm o comunicare deschisă și sinceră. Încurajează-i pe cei din jurul tău să îți spună cum se simt și să îți exprime nevoile și dorințele lor într-un mod respectuos.

- Fii empatic și întelegător:

Pentru a evita să rănim pe cei din jurul nostru, trebuie să fim empatici și înțelegători. Încercă să te pui în locul celuilalt și să-ți imaginezi cum s-ar simți în situația lor. Acest lucru te va ajuta să comunici mai clar și să eviți să rănești pe cineva fără să îți dai seama.

- Cere și oferă scuze atunci când este necesar:

Dacă realizezi că ai spus ceva care a rănit pe cineva, nu ezita să îți ceri scuze sincer. Recunoașterea greșelilor și asumarea responsabilității pentru cuvintele noastre este un semn de maturitate și respect față de ceilalți.

- Fii deschis la feedback și îmbunătățire:

Nu suntem perfecți și uneori putem greși sau spune ceva rău fără să ne dăm seama. Este important să fim deschiși la feedback-ul celor din jurul nostru și să ne străduim să ne îmbunătățim continuu modul în care comunicăm și relaționăm cu ceilalți.

Evitarea rănirii celor din jurul nostru cu cuvintele noastre este o responsabilitate importantă pe care o avem față de noi înșine și față de ceilalți. Prin folosirea unui limbaj sănătos, respectuos și empatic, putem construi relații mai puternice și mai armonioase și putem contribui la crearea unui mediu de comunicare pozitiv și constructiv. Amintiți-vă că cuvintele au puterea de a vindeca sau de a răni, așa că folosiți-le în mod conștient și cu grijă în relațiile voastre interpersonale.

Gândirea critică este esențială în orice tip de relație, fie că vorbim despre relații personale, de lucru sau chiar de afaceri. Este important să ne oprim și să reflectăm înainte de a vorbi sau de a lua decizii, pentru că prin aceasta, putem evita conflicte, neînțelegeri și chiar consecințe negative.

Gândirea critică ne ajută să ne punem în locul celuilalt, să înțelegem perspective diferite și să fim mai empatici. Atunci când suntem într-o relație, comunicarea este cheia succesului, iar gândirea critică ne ajută să comunicăm eficient și să fim mai receptivi la nevoile și dorințele celuilalt.

O altă aspect important al gândirii critice în relații este evitarea judecății și a prejudecăților. Atunci când ne gândim critic, avem tendința să analizăm situațiile obiectiv, fără a emite judecăți sau a generaliza anumite aspecte. Acest lucru ne ajută să fim mai deschiși la dialog și să evităm conflictele care pot apărea din cauza interpretărilor diferite.

De asemenea, gândirea critică ne ajută să fim mai atenți la detalii și să identificăm posibile probleme sau dificultăți în relație. Prin analiza atentă a situațiilor, putem identifica eventualele conflicte sau neânțelegeri și să le rezolvăm într-un mod constructiv.

Un alt aspect important al gândirii critice în relații este luarea deciziilor înțelepte. Atunci când ne gândim critic, avem tendința să evaluăm toate opțiunile disponibile și să luăm decizii bazate pe fapte și raționamente, nu pe impulsuri sau emoții. Acest lucru ne ajută să evităm deciziile false și să fim mai siguri pe alegerile noastre.

Gândirea critică este esențială în orice tip de relație, pentru că ne ajută să comunicăm eficient, să evităm judecățile și prejudecățile, să identificăm problemele și să luăm deciziile înțelepte. Prin cultivarea gândirii critice în relații, putem construi relații mai sănătoase, mai armonioase și mai productive, atât în plan personal, cât și profesional.

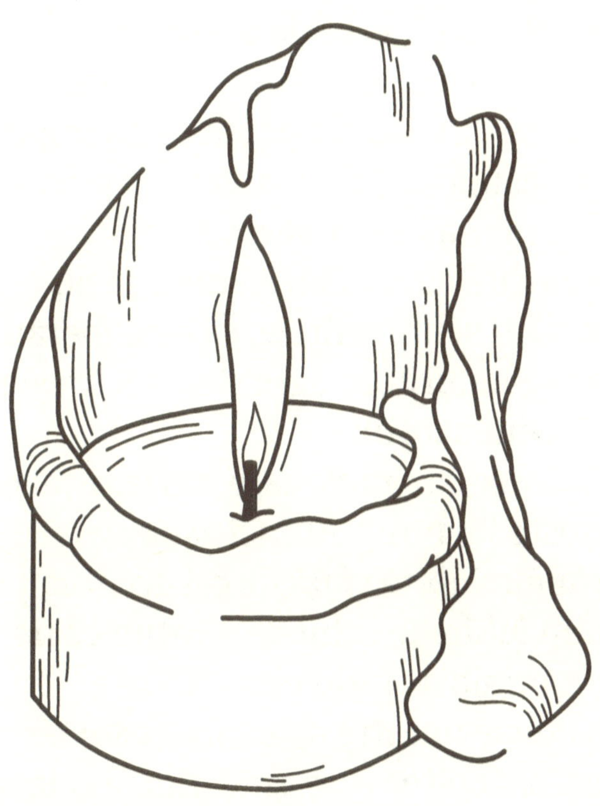

> *"Înainte să vorbești, întreabă-te dacă ceea ce ai de spus este mai valoros decât tăcerea."*
> Confucius

Capitolul 4: *Cuvintele care vindecă.*

- Impactul pozitiv al cuvintelor de încurajare și sprijin în momente dificile.
- Cum putem folosi cuvintele pentru a aduce alinare și vindecare celor dragi.
- Exemple de cuvinte care au putut vindeca rănile emoționale.

***

Cuvintele au puterea de a vindeca, de a alina sufletele și de a aduce confort în momente dificile. Ele pot avea un impact pozitiv asupra stării noastre de spirit și pot aduce lumina în întuneric. Prin intermediul cuvintelor, putem să ne exprimăm sentimentele, să ne eliberăm de povara gândurilor negre și să găsim alinare în mijlocul haosului.

Unul dintre cuvintele care vindecă cel mai mult este "iubire". Atunci când ne exprimăm iubirea față de cei dragi sau primim iubire în schimb, simțim că ne umple inima de fericire și că toate problemele noastre devin mai ușor de suportat. Iubirea este unul dintre cele mai puternice remedii împotriva tristeții și singurătății.

Un alt cuvânt care are puterea de a vindeca este "înțelegere". Atunci când cineva ne înțelege cu adevărat, ne simțim acceptați și apreciați, iar acest lucru ne dă putere să ne depășim temerile și să ne acceptăm așa cum suntem. Înțelegerea este unul dintre cele mai importante elemente în construirea unei relații sănătoase și în vindecarea rănilor emoționale.

Cuvinte precum "scuze" și "iartă-mă" pot aduce vindecare în relațiile deteriorate. Atunci când recunoaștem că am greșit și ne cerem scuze sincer, ne asumăm responsabilitatea faptelor noastre și deschidem calea către reconciliere. De asemenea, atunci când suntem capabili să iertăm, ne eliberăm de povara resentimentelor și putem să mergem mai departe cu inima ușoară.

Se spune că "mulțumesc" sunt cele mai puternice cuvinte pe care le putem spune. Atunci când ne exprimăm recunoștința față de ceilalți sau pentru lucrurile mărunte din viața noastră, ne deschidem inima și primim în schimb o energie pozitivă care ne umple sufletul.

Mulțumirea ne ajută să vedem partea plină a paharului și să apreciem bucuriile din viața noastră, fie ele cât de mici.

Cuvântul "speranță" este un cuvânt care poate vindeca rănile emoționale și ne poate oferi puterea de a merge mai departe cu încredere. Atunci când avem speranță că lucrurile vor înainta în direcția bună și că vom reuși să depășim obstacolele, ne dăm șansa de a realiza lucruri mărețe și de a ne îndeplini visurile.

Cuvintele au puterea de a vindeca sufletele și de a aduce lumină în întunericul vieții noastre. Prin intermediul lor, putem să ne exprimăm sentimentele, să ne eliberăm de negativitate și să ne reconectăm cu noi înșine și cu cei din jurul nostru. Folosind cuvintele cu înțelepciune și iubire, putem să aducem vindecare acolo unde este nevoie și să creăm un mediu plin de armonie și pace.

Cuvintele de încurajare și sprijin au un impact profund asupra persoanelor în momente dificile. Ele pot avea puterea de a ridica moralul și de a oferi confort și încredere celor care trec prin momente de încercare.

Chiar și cele mai simple cuvinte de încurajare pot aduce o schimbare pozitivă în viața cuiva și pot face diferența între a renunța și a continua lupta.

Unul dintre cele mai puternice aspecte ale cuvintelor de încurajare este faptul că ele transmit un mesaj clar de sprijin și compasiune către cealaltă persoană. Atunci când cineva se simte singur sau descurajat, un simplu "Sunt aici pentru tine" sau "Te susțin în tot ceea ce faci" poate face o mare diferență în starea sa emoțională. Aceste cuvinte demonstrează că cineva valorează și că nu este singur în lupta sa.

De asemenea, cuvintele de încurajare pot oferi o perspectivă mai pozitivă asupra situației dificile cu care se confruntă persoana. Oamenii tind să vadă doar partea negativă a lucrurilor în astfel de momente și se pot pierde în gânduri negative și pesimiste. Un simplu "Totul va fi bine" sau "Aceste momente dificile te vor face mai puternic" poate schimba modul în care cineva percepe situația și îl poate ajuta să găsească o soluție sau un sens în ceea ce trăiește.

Cuvintele de încurajare pot, de asemenea, să ofere un impuls de motivare și determinare în momentele grele. Atunci când cineva se simte copleșit de obstacole sau de provocările vieții, un simplu "Crezi în tine" sau "Nu renunța" îl poate împinge să continue să lupte pentru ceea ce își dorește. Aceste cuvinte pot alimenta speranța și determinarea unei persoane și îl pot ajuta să treacă peste momentele dificile cu mai mult curaj și încredere în sine.

Un alt aspect important al cuvintelor de încurajare este faptul că ele pot consolida relațiile interpersonale și pot întări legăturile emoționale dintre oameni. Atunci când cineva primește sprijin și încurajare în momentele dificile, el simte că este apreciat și iubit de cei din jurul său. Această susținere afectivă poate contribui la creșterea încrederii și a sentimentului de apartenență într-un grup sau într-o comunitate.

Să analizăm un exemplu concret pentru a ilustra aceste idei. Imaginează-ți că un prieten trecut printr-o despărțire dureroasă și se simte foarte singur și descurajat. În loc să îl lași să se confrunte singur cu această situație dificilă, îi poți transmite cuvinte de încurajare și sprijin pentru a-i demonstra că îți pasă de el și că ești acolo pentru el. Poți să îi spui, de exemplu, "Știu că e greu acum, dar e important să rămâi puternic și să ai încredere că vei trece peste această perioadă. Sunt aici pentru tine și te susțin în tot ceea ce faci." Aceste cuvinte simple dar pline de înțeles pot fi o adevărată gură de oxigen pentru prietenul tău și îl pot ajuta să treacă peste momentul dificil cu mai multă ușurință și încredere în sine. Cuvintele de încurajare și sprijin au un impact puternic în momentele dificile și pot aduce o schimbare pozitivă în viața celor care trec prin greutăți. Ele transmit un mesaj de sprijin și compasiune, oferă o perspectivă mai pozitivă asupra situației, motivează și întăresc relațiile interpersonale. Prin urmare, este important să ne amintim să folosim cuvinte de încurajare și sprijin în interacțiunile noastre cu cei din jurul nostru și să fim mereu prezenți pentru a-i susține și ajuta pe cei care au nevoie de noi. Rănile emoționale sunt adesea mai greu de vindecat decât rănile fizice, deoarece acestea nu sunt vizibile și pot părea mai dificil de abordat. Cu toate acestea, există anumite cuvinte și gesturi care pot ajuta la vindecarea acestor răni și la începerea procesului de vindecare emoțională. În continuare, voi prezenta exemple de cuvinte care au avut un impact pozitiv în vindecarea rănilor emoționale, și voi explica cum acestea pot fi folosite pentru a sprijini persoanele care trec prin astfel de momente dificile.

- Iubire - "Te iubesc și sunt aici pentru tine, orice s-ar întâmpla."
- Înțelegere - "Îmi pare rău că treci prin asta, îmi pot imagina cât de greu este pentru tine."
- Empatie - "Îți înțeleg durerea și sunt gata să te ascult fără să judec."
- Susținere - "Sunt aici să te susțin în orice mod îmi vei permite."

- Încurajare – "Ține-te tare, vei reuși să treci peste aceste momente dificile."
- Încredere – "Am încredere în tine și știu că ești suficient de puternic/ă să depășești aceste obstacole."
- Acceptare – "Ești perfect/ă așa cum ești și nu trebuie să îți ceri scuze pentru emoțiile tale."
- Recunoștință – "Sunt recunoscător/are că faci parte din viața mea și că îmi permiți să te susțin în aceste momente grele."
- Iertare – "Există iertare în inima mea și sunt dispus/ă să te iert pentru orice greșeală ai putea fi perceput că ai făcut."
- Cinste – "Îți apreciez sinceritatea și onestitatea în a împărtăși cu mine aceste sentimente vulnerabile."
- Responsabilitate – "Îmi asum responsabilitatea pentru propria mea suferință și sunt dispus/ă să lucrez la vindecarea mea emoțională."
- Autenticitate – "Îmi pot împărtăși emoțiile și gândurile mele fără teamă de a fi judecat/ă."

- Comunicare – "Vorbim deschis și sincer despre ceea ce simți și ai nevoie pentru a te vindeca."
- Compasiune – "Îți ofer compasiunea mea sinceră și îmi doresc să te ajut să treci peste aceste momente dificile."
- Apreciere – "Apreciez că îmi împărtășești gândurile tale și îmi permiti să fiu alături de tine în aceste momente grele."
- Timp – "Îți ofer timpul meu și răbdarea mea în a te asculta și a te susține în procesul tău de vindecare."
- Emoție – "Îmi exprim sincer tristețea și suferința pentru ceea ce treci și îmi ofer umărul meu pentru a plânge împreună."
- Respect – "Îți respect spațiul și timpul de vindecare, și îți acord libertatea de a traversa acest proces în ritmul tău."
- Speranță – "Am încredere că vei găsi pace și echilibru în interiorul tău și că vei găsi căile pentru a te vindeca și a te reconecta cu tine însuți/însăți."

Împreună, aceste cuvinte și gesturi pot crea un mediu sigur și empatic pentru persoana care suferă de răni emoționale. Este important să îți amintești că fiecare persoană este diferită și poate avea nevoi diferite în procesul său de vindecare, așadar este important să rămâi deschis și receptiv la ceea ce persoana respectivă îți transmite că are nevoie.

Atât de multe cuvinte și expresii pot avea un impact enorm în procesul de vindecare emoțională, iar modul în care le comunici poate face o diferență semnificativă în starea emoțională a unei persoane. Este important să fii sincer și empatic în comunicarea ta, să îți oferi suportul necondiționat și să fii deschis la a asculta fără a judeca. Amintindu-ți că fiecare persoană are nevoi și experiențe diferite, poți adapta aceste cuvinte și gesturi pentru a le potrivi nevoilor individuale ale persoanei respective.

Vindecarea rănile emoționale poate dura timp și implică un proces de autocunoaștere și acceptare a emoțiilor.

"Vântul suflă și aduce cu el cuvinte pe care tăcerea le-a ascuns. În liniștea sa, ascunsă în șoapta vântului, se află puterea adevărului."

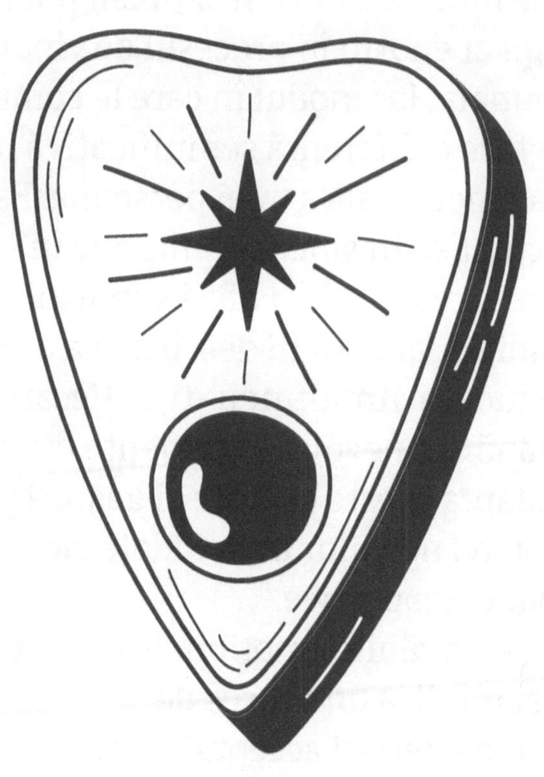

Capitolul 5: _Tăcerea care vorbește mai mult decât cuvintele._

- _Învățând să ascultăm și să înțelegem mesajele transmise prin tăcere._
- _Recunoașterea valorii tăcerii în contexte diverse._

***

Tăcerea este unul dintre cele mai puternice mijloace de comunicare, dar și unul dintre cele mai subestimate. De multe ori, tendința noastră este să umplem spațiile libere cu vorbe sau zgomote, în loc să lăsăm tăcerea să vorbească pentru noi. Cu toate acestea, există momente când tăcerea poate transmite mai mult decât cuvintele însele.

Una dintre cele mai puternice forme de tăcere este cea care însoțește durerea sau suferința. Atunci când cineva se confruntă cu o pierdere sau o trădare, cuvintele par să fie de prisos. Tăcerea devine aici un spațiu de refugiu, în care persoana afectată poate să-și croiască drumul prin propriile emoții. Un gest simplu de a sta alături de acea persoană, de a-i oferi prezența ta în tăcere, poate fi de multe ori mai reconfortant decât orice cuvânt spus.

Exemplul perfect este atunci când un prieten sau un membru al familiei trece printr-o perioadă dificilă și nu are nevoie de sfaturi sau consolare, ci doar de suport emoțional.O altă formă de tăcere care vorbește mai mult decât cuvintele este cea care însoțește iubirea adevărată. Când două persoane se cunosc suficient de bine încât să poată comunica cu priviri sau gesturi, nu mai este nevoie de vorbe. Tăcerea devine un mod de a transmite emoții profunde și împărtășite, de a crea o legătură între suflete care depășește orice barieră lingvistică. Poți simți iubirea într-o îmbrățișare sau într-o privire tandră, fără ca cineva să-ți spună cuvinte dulci. Tăcerea poate fi și un mod de a exprima respect sau admirație. Când ești impresionat de cineva sau de ceva, uneori tăcerea este cel mai potrivit răspuns. Un zâmbet complice sau un simplu gest de a-ți încrucișa brațele în semn de respect pot spune mai mult decât o sută de cuvinte. De exemplu, atunci când cineva are un succes remarcabil în viață sau în carieră și tu simți mândrie sau admirație față de acea persoană, poți să alegi să-i arăți asta prin prezența ta liniștită și atentă. Nu este nevoie de discursuri grandioase sau de laude nesfârșite pentru a transmite acest mesaj.Tăcerea mai poate fi folosită și în comunicarea nonverbală, atunci când emoțiile sunt atât de puternice încât cuvintele devin inutile. Gesturi mici, precum așezarea mâinilor pe inimă sau aplecarea ușoară a capului pot spune multe despre starea ta emoțională fără să rostești vreun cuvânt. De exemplu, atunci când ești impresionat sau surprins de ceva, poți să reacționezi instinctiv prin a-ți pune mâna la gură sau prin a-ți clipește ochii într-un anume mod. Aceste gesturi subtile pot vorbi mai mult decât orice cuvânt ar putea să o facă în acel moment.

În relațiile romantice, tăcerea poate fi un semn de intimitate și conexiune profundă. Atunci când doi oameni se simt complet confortabili unul în prezența celuilalt, nu mai este nevoie de conversații constante sau de explicatii. Tăcerea devine un mod de a se conecta la un nivel mai profund, de a-și citi gândurile și de a-și exprima iubirea într-un mod care depășește cuvintele.

De exemplu, atunci când partenerii petrec o zi liniștită împreună, fără să simtă nevoia să vorbească tot timpul, aceasta poate fi o formă de comunicare intimă și profundă. Gesturile mici, precum aplecarea capului pe umărul celuilalt sau prinderea mâinilor în tăcere, pot vorbi mai multe despre iubirea lor decât orice cuvânt rostit.

De asemenea, tăcerea poate fi folosită ca un mod de a reflecta și de a medita. Când ne lăsăm în tăcerea din jurul nostru să ne cuprindă, avem ocazia să ne adâncim în propriile gânduri și emoții, să ne conectăm cu sinele nostru interior și să ne regăsim echilibrul interior. Tăcerea devine aici un spațiu sacred, în care putem să ne reconectăm cu noi înșine și să găsim liniștea interioară. De exemplu, atunci când simți nevoia să faci o pauză de la zgomotul și agitația cotidiană, poți să alegi să petreci câteva momente în tăcere, meditând sau pur și simplu reflectând asupra vieții tale. Acest moment de tăcere poate fi foarte benefic pentru starea ta emoțională și mentală.

Tăcerea poate fi un mod foarte puternic de comunicare, care poate vorbi mai mult decât cuvintele însele. Atunci când o folosim în mod conștient și autentic, tăcerea devine un spațiu de comunicare profundă și autentică, în care emoțiile și gândurile noastre pot fi exprimate într-un mod subtil, dar extrem de puternic. Tăcerea poate fi folosită într-o varietate de contexte, de la relațiile interpersonale la relația cu sinele, și poate să creeze conexiuni profunde și semnificative.

Nu subestima puterea tăcerii – învață să te conectezi cu ea și să o folosești în beneficiul tău și al celor din jurul tău.

Tăcerea are un limbaj aparte, un fel de a vorbi fără să scoți un cuvânt. Este un mod de comunicare subtil și profund, care poate fi întâlnit în diferite situații și contexte. Uneori, tăcerea poate fi mai elocventă decât orice cuvinte ar putea fi.Învățând să ascultăm și să înțelegem mesajele transmise prin tăcere, putem ajunge să descoperim adevărate comori ascunse în aceste momente de liniște. Uneori, o privire sau o atingere pot spune mai mult decât orice vorbă ar putea transmite.

Este important să fim atenți la aceste semnale subtile pe care ceilalți le transmit prin tăcere, pentru că ele pot fi cheia înțelegerii între oameni.

De multe ori, tăcerea poate fi un semn de confort sau de apropiere. Atunci când suntem lângă cineva drag și ne simțim în siguranță în preajma sa, tăcerea poate fi un răspuns sănătos și firesc. Este modul în care ne bucurăm de prezența celuilalt fără să fim obligați să umplem spațiul cu vorbe. Este momentul în care învățăm să ne bucurăm de simpla prezență a celor dragi, fără a simți nevoia de a vorbi sau de a face ceva anume.În relațiile de cuplu, tăcerea poate fi și ea un mod de comunicare esențial. Uneori, este mai important să fim alături de partenerul nostru fără să spunem nimic, să ascultăm bătăile inimii sale și să simțim apropierea sufletului său. Aceste momente de tăcere pot aduce o intimitate specială în relație și pot întări legătura dintre cei doi parteneri.

De asemenea, tăcerea poate fi și un semn de suferință sau de necesitate de spațiu și timp. Când cineva se retrage în tăcere, fără să comunice ceea ce simte sau ceea ce îl

doare, este important să fim atenți și să înțelegem că acea persoană are nevoie de un moment de pauză sau de reflecție. Nu întotdeauna tăcerea înseamnă că totul este în regulă, uneori ea poate fi un semnal de alarmă că ceva nu funcționează așa cum ar trebui în relație sau în viața cuiva.
Învățând să ascultăm și să înțelegem mesajele transmise prin tăcere, putem deveni mai conectați cu noi înșine și cu cei din jurul nostru. Este important să fim deschiși și receptivi la aceste semne subtile pe care ceilalți le transmit, pentru că ele pot fi cheia înțelegerii între oameni și pot contribui la dezvoltarea unei comunicări mai autentice și mai profunde.
În lumea agitată în care trăim, în care suntem mereu înconjurati de zgomot și de vorbe, capacitatea de a asculta și de a înțelege mesajele transmise prin tăcere poate fi o adevărată comoară.
Este important să ne acordăm timp pentru a ne conecta cu aceasta parte subtilă și sensibilă a comunicării și să învățăm să apreciem momentele de liniște și de contemplație.

Tăcerea poate fi un dar prețios pe care îl putem oferi nouă înșine și celor din jurul nostru. Este modul în care ne putem regăsi echilibrul și liniștea interioară, în mijlocul agitației și haosului din jurul nostru. Este momentul în care ne putem conecta cu noi înșine și cu ceea ce este cu adevărat important în viața noastră.

Învățând să ascultăm și să înțelegem mesajele transmise prin tăcere, putem deveni mai conștienți și mai empatici față de noi înșine și față de ceilalți. Este important să fim deschiși și receptivi la această formă subtilă de comunicare și să acordăm timp și atenție semnalelor pe care le primim prin tăcere. Tăcerea poate fi o sursă importantă de înțelepciune și de conexiune cu noi înșine și cu lumea din jurul nostru.

Tăcerea este o calitate rară în lumea de astăzi, dominată de zgomot și agitație. Mulți oameni tind să considere tăcerea ca pe ceva negativ sau incomod, dar adevărul este că există o mare valoare în capacitatea de a sta liniștit și de a lăsa lucrurile să se desfășoare fără a interveni.

Tăcerea poate fi de multe ori mai elocventă decât vorbele.

Ea poate fi un mod de a-ți exprima respectul sau compasiunea față de ceilalți, arătându-le că ești dispus să îi asculți și să îi înțelegi fără a vorbi. Uneori, tăcerea poate fi mai puternică decât orice cuvânt spus, pentru că vorbele pot avea limitele lor, în timp ce tăcerea poate fi profundă și universală în înțelesul ei.

În relațiile interpersonale, tăcerea poate fi un mod de a indica că ești dispus să asculți și să îi oferi atenția ta deplină celuilalt. Prin faptul de a rămâne liniștit și de a-i permite celuilalt să își exprime sentimentele și gândurile, poți arăta că îți pasă și că îi acorzi importanța cuvenită.

Tăcerea poate fi de asemenea un mod de a-ți menține echilibrul mental și emoțional în situațiile tensionate sau conflictuale. Atunci când simți că ești pe punctul de a exploda într-o discuție sau un conflict, poți alege să rămâi tăcut și să îți acorzi un moment de respiro pentru a-ți regăsi calmul și claritatea în gândire.

În momentele de contemplare și meditație, tăcerea poate fi un partener de nădejde în căutarea ta interioară.

Prin liniștea minții și a sufletului, poți asculta mai atent vocea interioară și poți descoperi adevărurile ascunse în adâncul ființei tale. Tăcerea devine astfel un instrument de autocunoaștere și autocuratire, care te poate ghida pe calea evoluției și înțelegerii de sine.

În artă și creativitate, tăcerea poate fi o sursă de inspirație și creativitate. Prin liniștea interioară și concentrarea asupra momentului prezent, poți accesa adâncimile subconștientului și poți aduce la lumină idei și soluții inovatoare. Tăcerea devine astfel un partener de nădejde în procesul creativ, care te poate ghida către descoperirea adevăratului potențial creativ și expresiv.

În natură, tăcerea are o valoare deosebită. Când rămâi în tăcere și te conectezi cu mediul înconjurător, poți simți vibrația și energia naturală care te înconjoară. Tăcerea devine astfel o modalitate de a te reconecta cu esența ta primordială și cu întregul univers care te înconjoară.

În spiritualitate, tăcerea este considerată o poartă către transcendență și iluminare. Prin liniștea minții și a sufletului, poți accesa niveluri superioare de conștiință și poți intra în contact cu divinul din tine. Tăcerea devine astfel o cale de acces către înțelegerea profundă a existenței și către unificarea cu tot ceea ce este.

Tăcerea are o valoare inestimabilă în contexte diverse. Ea poate fi un mod de a exprima respect, compasiune și ascultare în relațiile interpersonale, un mijloc de păstrare a echilibrului mental și emoțional în situații tensionate, un instrument de autocunoaștere și autocuratire în procesul de dezvoltare personală, o sursă de inspirație și creativitate în artă și creativitate, o modalitate de reconectare cu natura și cu esența noastră primordială, și o cale către transcendență și iluminare în sfera spirituală. În lumea zgomotoasă și agitată în care trăim, tăcerea devine un dar neprețuit, o comoară ascunsă care poate aduce pace și înțelepciune în sufletele noastre.

"Într-o lume plină de zgomot,
puterea cuvintelor se pierde în
vântul tăcerii."

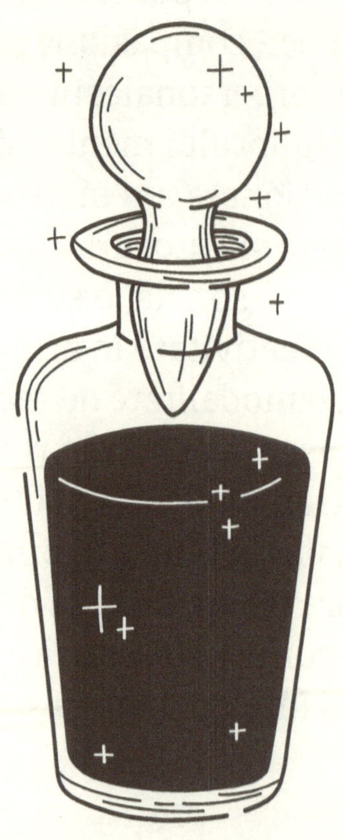

Capitolul 6: *Puterea cuvintelor în relația noastră .*

- *Cum cuvintele pot îmbunătăți armonia in relații .*
- *Învățând să fim conștienți de impactul cuvintelor noastre în societate.*

***

Cuvintele au puterea de a crea emoții puternice în ceilalți. Ele pot fi ca o sursă de inspirație sau de motivație, sau pot răni și distruge încrederea și relația cu persoanele dragi. De aceea, este important să ne gândim bine la cuvintele pe care le folosim în comunicarea noastră cu cei din jur.

O vorbă frumoasă poate schimba complet starea de spirit a unei persoane sau, dimpotrivă, o critică dură poate distruge încrederea și relația de încredere dintre oameni. Așadar, conștientizarea puterii cuvintelor și folosirea lor cu grijă și responsabilitate este esențială în orice relație.

Cu ajutorul cuvintelor, putem să ne exprimăm sentimentele și să comunicăm dorințele noastre. Ele sunt instrumentele noastre de a ne face auzite și înțelese gândurile și emoțiile noastre. De aceea, în orice relație sănătoasă, comunicarea este cheia succesului și a armoniei.

Cuvintele noastre au puterea de a iubi necondiționat sau de a răni profund pe cei dragi. De aceea, este important să ne gândim bine înainte de a vorbi și să fim conștienți de impactul pe care îl pot avea cuvintele noastre asupra celor din jur.

Chiar și cele mai mici cuvinte pot avea un impact imens. O simplă „mulțumesc" sau „te iubesc" poate schimba complet perspectiva cuiva asupra relației sau a situației în care se află. La fel, și cuvintele care vin însoțite de critici sau de jigniri pot provoca răni adânci în sufletul celorlalți.

Puterea cuvintelor nu se rezumă doar la modul în care acestea sunt articulate sau la intonația lor. Chiar și lipsa cuvintelor poate avea un impact puternic. Uneori, tăcerea poate fi la fel de expresivă ca și un discurs întreg. De aceea, este important să fim atenți nu doar la ce spunem, ci și la felul în care ascultăm și răspundem la cuvintele celorlalți.

Cuvintele pot crea sau distruge relații, pot aduce bucurie sau suferință.

noastre și să le folosim în mod responsabil. Iată câteva moduri simple și frumoase prin care cuvintele pot contribui la îmbunătățirea armoniei în relațiile noastre:

- Comunicarea deschisă și sinceră.
- O relație sănătoasă se bazează pe comunicarea deschisă și sinceră. Fie că este vorba despre vorbele de apreciere sau de recunoaștere a greșelilor noastre, este important să fim sinceri în comunicarea cu cei din jur și să ne exprimăm gândurile și sentimentele în mod clar și direct.

- Empatia și înțelegerea.
- Cuvintele pot fi folosite pentru a arăta empatie și înțelegere față de ceilalți. O simplă întrebare "Cum te simți?" sau "Pot să te ajut în vreun fel?" poate arăta că suntem interesați de starea emoțională a celor din jur și că ne pasă de binele lor.

- Vorbele de apreciere și recunoaștere.
- Nu uita să îți arăți recunoștința față de cei din jur și să îi apreciezi pentru contribuția lor la relația voastră.

O simplă "Mulțumesc pentru ajutorul tău" sau "Apreciem dedicarea ta" pot face diferența în relația cu ceilalți.

- Nu uita să ceri scuze și să oferi iertare. - Cuvintele pot fi folosite și pentru a recunoaște greșelile noastre și pentru a cere iertare atunci când este cazul. De asemenea, este important să fim deschiși să acordăm iertare celorlalți atunci când greșesc, pentru a menține armonia în relația noastră.

- Încurajarea și susținerea reciprocă. - Cuvintele pot fi folosite și pentru a încuraja și a susține cei din jur în momentele dificile. O simplă "Crezi în tine!" sau "Ești capabil să reușești!" pot oferi sprijin moral și încredere celorlalți atunci când au nevoie de ele.

- Ascultarea atentă și răspunsul adecvat. - O comunicare eficientă înseamnă și ascultarea atentă a celorlalți și răspunsul adecvat la nevoile și preocupările lor.

- Foloseşte cuvinte afectuoase şi încurajatoare.

- Nu uita să foloseşti cuvinte afectuoase şi încurajatoare în relaţia ta cu cei dragi. O simplă "Te iubesc" sau "Mă mândresc cu tine" poate aduce bucurie şi fericire în relaţia ta cu partenerul tău, familia sau prietenii tăi.

Prin utilizarea cuvintelor într-un mod responsabil şi conştient, putem îmbunătăţi armonia în relaţiile noastre cu cei din jur şi să contribuim la o comunicare mai eficientă şi mai sănătoasă în viaţa noastră de zi cu zi. Nu subestima puterea cuvintelor tale şi foloseşte-le cu înţelepciune pentru a construi relaţii solide şi armonioase.

Cuvintele noastre au puterea de a schimba lumea în jurul nostru, de a influenţa oamenii şi de a crea o atmosferă de armonie sau de discordie. Fiecare cuvânt pe care îl rostim are un impact, fie că suntem conştienţi de el sau nu.

De aceea, este important să fim vigilenţi în ceea ce priveşte cuvintele pe care le folosim şi să ne asigurăm că acestea transmit mesaje pozitive și încurajatoare.

În primul rând, trebuie să fim conștienți de puterea cuvintelor noastre de a răni sau de a vindeca. Multe conflicte și neînțelegeri pot să apară din cauza unui cuvânt spus la momentul nepotrivit sau într-un mod necorespunzător. Toți am experimentat la un moment dat durerea provocată de o vorbă spusă fără gândire sau de un gest lipsit de considerație. De aceea, este esențial să ne gândim de două ori înainte de a rosti un cuvânt care ar putea să rănească pe cineva sau să provoace conflict.

Pe de altă parte, cuvintele noastre pot fi și o sursă de inspirație și de încurajare pentru cei din jurul nostru. Un cuvânt binecuvântat, rostit cu sinceritate și bunătate, poate să aducă bucurie și să încurajeze pe cei din jurul nostru să își depășească obstacolele și să își atingă potențialul maxim. Este important să fim atenți la felul în care ne exprimăm și să oferim cuvinte de încurajare și susținere celor din jur.

Cuvintele noastre pot să influenţeze atitudinea şi comportamentul celor din jur. Un cuvânt de apreciere sau de recunoaştere poate să stimuleze o atitudine pozitivă şi să încurajeze fapte bune şi comportamente constructiva. Pe de altă parte, un cuvânt dur sau critic poate provoca o reacție defensivă sau ostilă şi poate să ducă la escaladarea conflictelor. Este important să fim conştienţi de impactul pe care îl au cuvintele noastre şi să ne asigurăm că acestea transmit mesaje încurajatoare şi de sprijin pentru cei din jurul nostru.

Un alt aspect important este conştienţa de contextul în care folosim anumite cuvinte şi de efectul pe care acestea îl pot avea în societate. Fiecare cuvânt are o conotaţie diferită în funcţie de contextul în care este folosit şi de sensibilitatea celor cărora li se adresează. Este important să fim atenţi la cuvintele pe care le folosim şi să ne asigurăm că acestea nu sunt jignitoare, discriminatorii sau ofensatoare pentru ceilalţi. Respectul faţă de diversitatea şi sensibilitatea celorlalţi este esenţial pentru a menţine o atmosferă de armonie şi de respect reciproc în societate.

cuvintele noastre pot să aibă un impact și în ceea ce privește valorile și credințele noastre. Fiecare cuvânt pe care îl rostim reflectă ceea ce gândim și ceea ce simțim în interiorul nostru. Prin urmare, este important să fim autentici și sinceri în ceea ce privește cuvintele pe care le folosim și să ne asigurăm că acestea sunt în concordanță cu valorile și credințele noastre. Exprimându-ne cu sinceritate și transparență, putem să ne afișăm adevărata identitate și să fim recunoscuți și apreciați pentru autenticitatea noastră. În concluzie, cuvintele noastre au un impact puternic în societate și ne putem folosi de ele pentru a aduce schimbări pozitive în jurul nostru. Fiecare cuvânt pe care îl rostim are o semnificație și o putere proprie, iar noi avem responsabilitatea de a folosi această putere într-un mod conștient și responsabil. Să folosim cuvintele noastre cu înțelepciune și cu dragoste, pentru a aduce lumină și încurajare în viața celor din jurul nostru.

"În fața cuvintelor, tăcerea devine uneori
mai puternică decât orice șoaptă"
Khalil Gibran

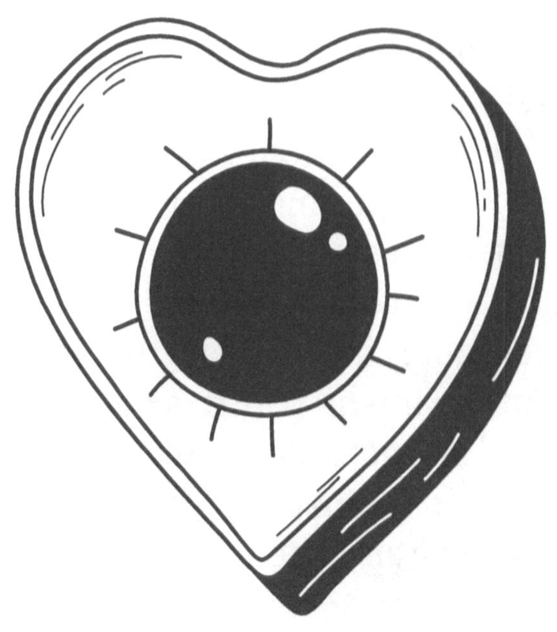

Capitolul 7:
Balanța dintre cuvinte și tăcere.

- _Cum putem găsi echilibrul între vorbire și ascultare, între a spune prea mult sau prea puțin._
- _Sfaturi practice pentru a folosi cuvintele și tăcerea în mod înțelept în relațiile noastre._

***

Cuvintele și tăcerea sunt două elemente esențiale în comunicare și în relațiile interumane. Ele se completează reciproc și contribuie la echilibrul și armonia în interacțiunea dintre oameni.

Cuvintele au puterea de a exprima gândurile, sentimentele, ideile și emoțiile noastre. Ele ne permit să comunicăm, să transmitem mesaje, să ne exprimăm dorințele și nevoile noastre.

Cuvintele pot fi folosite pentru a construi punți între oameni, pentru a crea conexiuni și legături puternice. Ele pot fi folosite pentru a inspira, pentru a motiva, pentru a încuraja și pentru a întări relațiile interpersonale.

Tăcerea, pe de altă parte, are și ea un rol important în comunicare. Ea poate transmite uneori mai mult decât cuvintele. Tăcerea poate fi folosită pentru a asculta, pentru a reflecta, pentru a înțelege mai bine emoțiile și gândurile celorlalți. Ea poate fi folosită pentru a crea un spațiu de reflecție și de intimitate în relațiile interumane. Tăcerea poate fi folosită și pentru a transmite compasiune, empatie și înțelegere către cei din jurul nostru.

Deși cuvintele și tăcerea par a fi opuse, ele sunt de fapt complementare. Echilibrul dintre cuvinte și tăcere este esențial pentru a avea relații sănătoase și armonioase. Este important să știm când să vorbim și când să ascultăm, când să folosim cuvintele pentru a transmite informații și când să folosim tăcerea pentru a oferi sprijin emoțional și suport.

Uneori, într-o conversație, un simplu gest de a tăcea și de a asculta cu atenție poate avea un impact mai puternic decât cele mai frumoase cuvinte. Tăcerea poate fi folosită pentru a oferi suport și înțelegere în momentele dificile, pentru a crea un spațiu de vulnerabilitate și autenticitate în relații.

Uneori, în tăcere, ne putem simți mai conectați și mai apropiați de cei din jurul nostru.

Cuvintele pot fi folosite pentru a transmite iubire, recunoștință, apreciere și dragoste față de cei dragi. Ele pot fi folosite pentru a motiva, inspira și încuraja pe cei din jurul nostru. Cu ajutorul cuvintelor putem exprima ceea ce simțim într-un mod autentic și sincer, putem să ne deschidem și să ne arătăm vulnerabilitatea și autenticitatea noastră.

Echilibrul dintre cuvinte și tăcere este esențial pentru a avea relații sănătoase și armonioase. Este important să fim conștienți de puterea cuvintelor noastre și să le folosim cu înțelepciune și empatie. Este la fel de important să apreciem puterea tăcerii și să învățăm să ne conectăm mai profund cu cei din jurul nostru prin ascultare și printr-un gest simplu de a rămâne în tăcere. Echilibrul între vorbire și ascultare este crucial în comunicare, deoarece ne permite să construim relații sănătoase, să ne exprimăm gândurile și sentimentele și să înțelegem pe ceilalți.

Uneori vorbim prea mult și nu acordăm suficient timp să ascultăm și să înțelegem perspectiva celor din jur. Alteori, putem fi prea rezervați și nu reușim să ne exprimăm cu claritate sau să ne facem auziți.

Pentru a găsi echilibrul între vorbire și ascultare, este important să fim conștienți de propriul comportament și să fim deschiși la feedback-ul celor din jur. Iată câteva sfaturi care te pot ajuta să găsești acest echilibru:

- Ascultă cu atenție

- Înainte de a vorbi, ascultă cu atenție perspectiva celuilalt. Fii prezent în conversație și fii deschis la ceea ce au de spus ceilalți. Fă efortul să înțelegi punctul lor de vedere înainte de a-ți exprima propria opinie.

- Vorbește la timpul potrivit

- Nu trebuie să vorbești doar pentru a umple tăcerea. Alege cu înțelepciune momentele în care să îți exprimi gândurile și sentimentele. Fii conștient de impactul pe care îl pot avea cuvintele tale și asigură-te că contribuie la o conversație constructivă.

- Fii autentic

- Nu încerca să impresionezi pe ceilalți sau să îți ascunzi adevăratele sentimente. Fii sincer și autentic în comunicare și exprimă-te cu curaj și sinceritate.

- Alege cuvintele cu grijă

- Fii atent la felul în care îți exprimi gândurile și sentimentele. Alege cuvintele cu grijă și fii conștient de modul în care ele sunt percepute de ceilalți. Evită limbajul agresiv sau jignitor și încearcă să fii empatic în comunicare.

- Întreabă și ascultă

- O modalitate eficientă de a găsi echilibrul în comunicare este să pui întrebări și să acorzi atenție răspunsurilor. Fii curios și interesat de perspectiva celor din jur și arată-le că le acorzi importanță ascultându-i cu atenție.

- Cere feedback

- Fii deschis la feedback-ul celor din jur și cere-le părerea cu privire la modul în care comunici. Fii dispus să îți analizezi comportamentul și să faci ajustări pentru a deveni mai eficient în comunicare.

- Practică empatia
- Înțelegerea și empatia sunt cheia unei comunicări eficiente. Fii deschis la perspectiva celorlalți și încearcă să îți pui în locul lor înainte de a-ți exprima opiniile sau gândurile.
- Fii conștient de limbajul nonverbal
- Comunicarea nu se reduce doar la cuvinte. Fii atent la limbajul nonverbal și la expresiile faciale ale celor din jur pentru a înțelege mai bine ceea ce vor să transmită. Fii conștient de propriul limbaj nonverbal și asigură-te că este în concordanță cu mesajul tău verbal.
- Gândește înainte să vorbești
- Înainte de a-ți exprima gândurile, ia-ți un moment să te gândești la ce vrei să spui și cum o vei face. Evită impulsivitatea sau reacțiile emoționale și fii conștient de impactul pe care îl pot avea cuvintele tale.
- Fii deschis la schimbare
- Comunicarea este un proces dinamic, iar abilitatea de a te adapta și de a învăța din experiențe este crucială. Fii deschis la schimbare și fii dispus să îți îmbunătățești abilitățile de comunicare în funcție de feedback-ul primit și de propriile observații.

Găsirea echilibrului între vorbire și ascultare este un proces continuu, care necesită conștiență de sine, empatie și deschidere către ceilalți. Fii deschis la îmbunătățirea continuă a abilităților tale de comunicare și investește timp și efort în construirea relațiilor sănătoase și armonioase cu cei din jur.

O comunicare eficientă este cheia succesului în orice relație și un pilon esențial al unei vieți împlinite și autentice. Cuvintele și tăcerea sunt două elemente esențiale în relațiile noastre, iar modul în care le folosim poate avea un impact semnificativ asupra modului în care suntem percepuți de ceilalți și asupra calității relațiilor noastre. Iată 10 sfaturi practice pentru a folosi cuvintele și tăcerea în mod înțelept în relațiile noastre:

- Ascultă cu atenție.

Una dintre cele mai importante aptitudini în comunicare este capacitatea de a asculta cu atenție. Fii prezent în conversație, lasă deoparte distragerea și concentră-te pe ceea ce spune celălalt. Nu te gândi la ce ai să spui în timp ce celălalt vorbește, ci ascultă cu atenție și fii deschis la perspectiva celuilalt.

- Fii sincer.

Onestitatea este un aspect crucial al comunicării eficiente în relațiile noastre. Fii sincer și deschis în ceea ce spui, evitând minciunile și exagerările. O relație bazată pe încredere și sinceritate va fi întotdeauna mai puternică și mai autentică.

- Folosește cuvinte blânde.

Cuvintele pot avea puterea să vindece sau să rănească. Folosește cuvinte blânde și pline de înțelegere în interacțiunile cu cei din jurul tău. Evită limbajul dur sau critic și caută să comunici cu empatie și respect.

- Exprimă-ți sentimentele.

O parte importantă a comunicării în relațiile noastre constă în exprimarea deschisă a sentimentelor noastre. Nu presupune că ceilalți știu cum te simți, ci exprimă-ți emoțiile și fii deschis în ceea ce privește nevoile și dorințele tale.

- Fii atent la limbajul non-verbal.

Comunicarea nu constă doar în cuvinte, ci și în limbajul non-verbal. Fii atent la gesturile, mimica feței și tonul vocii tale, deoarece acestea pot transmite informații importante despre ceea ce simți și gândești.

- Gândește înainte de a vorbi.

Înainte de a spune ceva, oprește-te și reflectează asupra cuvintelor tale. Gândește-te la impactul pe care le-ar putea avea asupra celuilalt și la modul în care ele ar putea fi percepute. Meditează la felul în care îți exprimi gândurile și încearcă să o faci într-un mod clar și respectuos.

- Apreciază puterea tăcerii.

Tăcerea poate fi uneori mai elocventă decât cuvintele. În loc să umpli spațiul cu vorbe fără sens, uneori este mai înțelept să taci și să lași momentul să vorbească pentru el însuși. Apreciind puterea tăcerii, vei fi capabil să înțelegi mai bine nevoile și emoțiile celor din jurul tău.Evită replicile răutăcioase: Critica și jignirile nu aduc nimic constructiv într-o relație. Evită replicile răutăcioase și cuvintele dure care pot răni pe celălalt. În loc să ataci, încearcă să găsești soluții și să comunici în mod constructiv.

- Întreabă și ascultă.

Comunicarea presupune dialog, nu monolog. Nu ignora perspectiva celuilalt și nu crede că numai punctul tău de vedere este valabil.

Întreabă, ascultă și arată empatie față de ceea ce spune celălalt pentru a crea o comunicare eficientă și bazată pe respect reciproc.

- Iartă și uită.

În orice relație pot apărea conflicte și neînțelegeri. În loc să păstrezi resentimente și să lași cuvintele rostite în trecut să afecteze prezentul, învață să ierți și să uiți. Iartarea este un act de generozitate și de înțelepciune care poate consolida legăturile dintre oameni și poate construi relații puternice și durabile. Folosirea cuvintelor și tăcerii în mod înțelept în relațiile noastre este un proces continuu de autocunoaștere, învățare și comunicare empatică. Cu ajutorul acestor 10 sfaturi practice, putem îmbunătăți calitatea relațiilor noastre și contribui la construirea unei comunicări autentice și respectuoase în fiecare interacțiune pe care o avem.

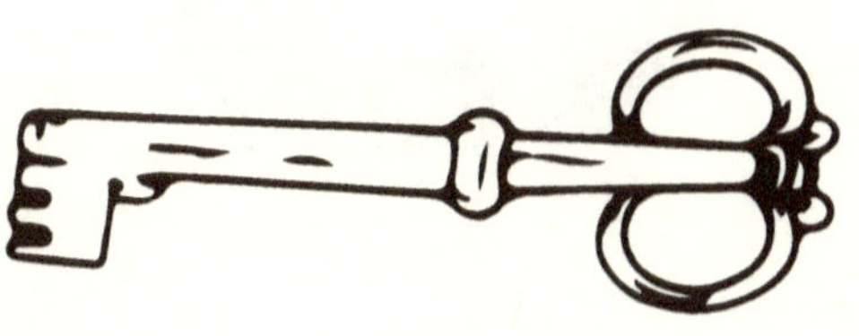

"În lumea noastră agitată, în care vorbim mult, dar ascultăm prea puțin, uneori puterea cuvintelor stă în tăcere, iar uneori puterea tăcerii stă în cuvinte."